答えを示すことや、何が正しいかを伝えることは、
この絵物語の目的ではありません。
状況が急激に動いていくからこそ、
いま立ち止まって共に感じ、共に考えること。
そして、正しいとされるものを疑い、
私たち自身の感性を私たち自身が深め鋭敏にすること。
これがますます大切になっています。
隠された現実を発見するのは、私たち自身です。
そのための素材の一つでありたいというのが、
この一冊に込められた希いです。

戦争に負けないための二〇章

戦争に負けないための二〇章

池田浩士［文］
IKEDA Hiroshi

高谷光雄［絵］
TAKAYA Mitsuo

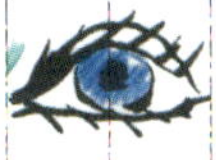

editorialrepublica
共和国

はじめに

「平和安全法制」とも「安保関連法」とも「戦争法」とも呼ばれる法律が制定されて、日本は「戦争のできる国」から「戦争する国」へと一歩前進しました。

現行の日本国憲法は、「国権の発動たる戦争」と、「国際紛争を解決する手段」としての「武力による威嚇又は武力の行使」を、「永久に」「放棄する」と定めています。「平和安全法制」の成立は、軍備と戦争に関する憲法上の制約を、法律の制定によって打破するという、歴史的な出来事でした。二〇一六年三月二九日に施行されたこの法律によって、事実上、日本の軍隊は海外でも武力を行使して戦争をすることができるようになったのです。

領土問題や歴史認識をめぐって関係がこじれている近隣諸国との軍事衝突が危惧されるだけでなく、世界のさまざまな地域での紛争や、とりわけイスラム圏の反グローバリズム勢力とアメリカ合州国主導の列強諸国との戦争に、日本が加わる可能性も増大しています。安保関連法が実際に発動され、私たちが戦争の当事者になるのも、それほど遠い未来のことではないかもしれません。

戦争が現実のものとして私たちの暮らしの中に登場してきたいま、では戦争とはいったい何なのか？　——これをあらためて問うことが、この絵物語のテーマです。

そして、私たちが戦争に直面しなければならない以上、私たちは絶対に戦争に負けるわけにはいかない！　——これを私たち自身の切実な課題として考えたいというのが、この絵物語を構想した作者たちと出版社の思いです。

戦争に負けるわけにはいきません。ひとたび戦争に負ければ、それがどれほど悲惨な結果を私たちにもたらすかは、歴史が物語っています。どうしたら私たちは戦争に負けないか、どうしたら戦争に負けない自分であることができるか？——それをいま考え、少しでも実行に移すための、小さな回り道として、この絵物語を開いて見てください。

この絵物語の基本線は、一口で言えば、「虎穴に入らずんば虎児を得ず」という諺《ことわざ》の精神です。戦争に関しては賛成、反対などのさまざまな立場があります。

しかしそれ以前に、戦争には何らかの理由があります。戦争に賛成し戦争を支持する考えにも、理由があるのです。まず、その理由をじっくりと見つめ、噛みしめ、理解しましょう。そして私たち自身の理解を深め、本当に自分のものにしましょう。それを抜きにしては、いざ戦争に直面したとき、私たちはなすすべもなく戦争に負けてしまいます。日本の歴史上の対外戦争についても、その目的や実際の経緯を知ったうえで、あらためて私たちの手元に引き寄せ、もう一度しっかりと直視しなおさなければならないでしょう。これによってこそ、歴史上の過去は私たち自身の歴史体験となり、私たちの歴史認識の糧《かて》となることができるでしょう。

答えを示すことや、何が正しいかを伝えることは、この絵物語の目的ではありません。状況が急激に動いていくからこそ、いま立ち止まって共に感じ、共に考えること。そして、正しいとされるものを疑い、私たち自身の感性を私たち自身が深め鋭敏にすること。これがますます大切になっています。隠された現実を発見するのは、私たち自身です。そのための素材の一つでありたいというのが、この一冊に込められた希《ねが》いです。

絵物語の各章は、見開き二ページから成っています。各章の絵と物語に添えて、関連する資料からの引用や参考となるデータを次ページに紹介します。これは、その章のテーマについて考えたり議論したりするさいの手掛かりになるでしょう。各章の絵は、物語の説明としての挿絵ではなく、物語と関連しつつも絵として独立のイメージを触発するでしょう。同じように、物語は絵と連動していますが、絵の解説ではありません。各章を、自分の目と心で、できれば誰かといっしょに、ゆっくりと見つめてください。あなたも抱いているかもしれない「戦争は悪だ！」という固定観念から解放されて、「これが戦争なのだ……」という真実を発見できるかもしれません。

そうした発見から、一人ひとりの「戦争に負けない」感性と思考と行動が芽生えるなら、この絵物語は、夢物語から新しい現実への道をたどりはじめるでしょう。

戦争に負けないための二〇章

目次

III 武勇を尚ぶ

IV 信義を重んず

V 質素を旨とす

I

忠節を尽《つく》す

第一章

戦争は平和のためのたたかいです

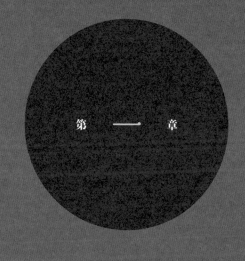

平和の反対が戦争、戦争は平和の敵——こう思い込んでいないでしょうか？この一面的な考えを、まず改めましょう。

平和を実現するためには、平和を脅かす原因を取り除かなければなりません。戦争は、つねに、かならず、平和を脅かす禍根《かこん》を絶つために始められ、続けられます。どんな戦争も、平和の敵に対するたたかいとして遂行されるのです。平和のためのたたかいではないような戦争は、まずありません。このことをしっかり肝に銘じて、決して忘れないようにしましょう。

平和の敵を撃《う》ち、平和を確立するために行なわれる戦争は、もちろん正義のたたかいです。正義のたたかいは、聖戦とも呼ばれます。どんな宗教であれ、聖戦には神の加護もあるでしょう。平和のためにたたかう自国に忠誠を尽くして、勇敢に敵を殺し、自分も血を流して、世界の平和と祖国の光栄のために卑小な生命を捧げるのが、戦争です。戦争には、かならず、そのような立派な意味と重要な理由があるのです。

皇祖《コウソ》皇宗《コウソウ》ノ神霊上《カミ》ニ在《ア》リ朕《チン》ハ汝有衆《ナンジユウシュウ》ノ忠誠
勇武ニ信倚《シンイ》シ祖宗《ソソウ》ノ遺業ヲ恢弘《カイコウ》シ速《スミヤカ》ニ禍根《カコン》
ヲ芟除《サンジョ》シテ東亜永遠ノ平和ヲ確立シ以《モッ》テ帝
国ノ光栄ヲ保全セムコトヲ期ス
御名御璽《ギョメイギョジ》

昭和十六年十二月八日

昭和天皇「米国及ビ英国ニ対スル宣戦布告ノ大詔《ダイショウ》」より

第二章

自衛権は
すべての国の基本的権利です

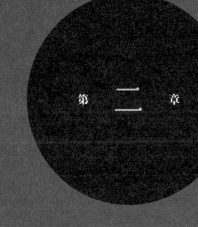

正義のたたかいといっても、戦争は多大な犠牲をともないます。好んで戦争をする国はありません。しかし、私たちの国がいくら平和を望んでいても、どこか隣国の無謀な指導者が私たちの国を侵略しようと企てているとしたら、どうでしょうか？　戦争はしない、軍隊も持たない、と言いつづけて何の防御もしなければ、私たちの国を外国の侵略から守ることはできないでしょう。

個人の場合でも、正当防衛は権利として認められています。同じように、自衛権はすべての国の基本的な

権利です。こちらに向けて勝手にミサイルを飛ばしたり、こちらの固有の領土である島に勝手に上陸したり、こちらの領海に入り込んで魚や珊瑚を乱獲したりする侵略行為は、軍事力によって阻止し、断固として武力制裁を加える——それが、正当防衛というものではないでしょうか。

　大きな戦争に発展する前に、まず私たちの国が自衛権を行使して、外国の無謀な挑発行為を思いとどまらせることも、世界平和に対する貢献の一つです。

戦争における防御は総じて、というのはつまり戦略的な防御であっても、絶対的な待機と防戦ではなく、つまり完全な受忍ではなく、相対的なものであって、したがって多かれ少なかれ攻撃的な原理が混入している。同様に、攻撃も均質な総体ではなく、絶えず防御と混ざり合う。しかし異なる点は、反撃のない防御はまったく考えられず、反撃は防御の必要不可欠な構成要因である、ということだ。ところが、攻撃の場合はそうではない。打撃、もしくは攻撃行為は、それ自体として一つの完璧な概念であって、防御は攻撃そのものにとって必要ではないのだが、攻撃が時間と空間に縛られている結果、防御という必要悪が生じることになるのである。

カール・フォン・クラウゼヴィッツ『戦争論』（一八三二〜三四年）より、池田訳

第三章

国を愛する心は
国民を結ぶ絆です

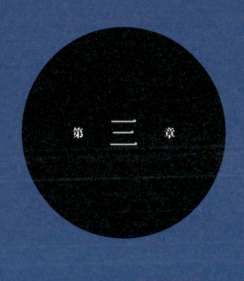

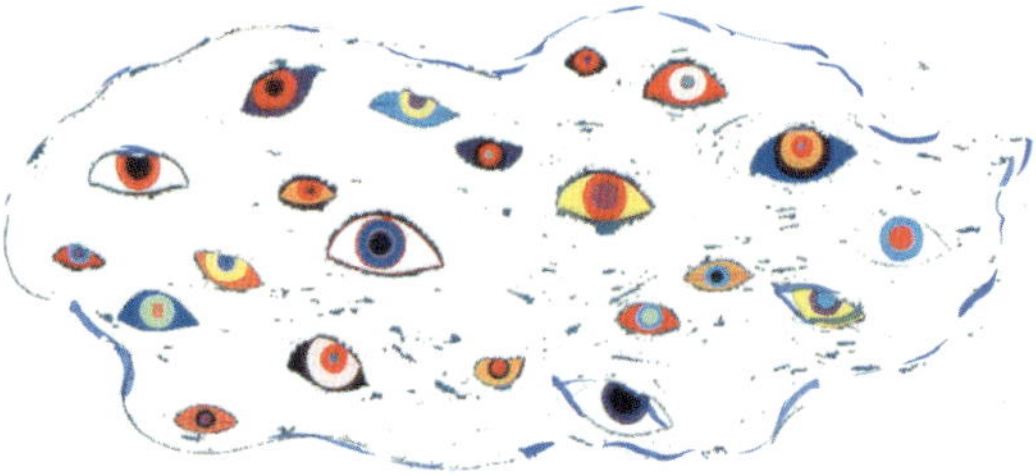

日本の自衛隊は憲法違反だという見解が、多くの国民によって支持されていた時代がありました。反戦ということが、いわば常識だったからです。その時代に、もしも外国が日本に攻めてきたとしたら、どうなったでしょうか?

自衛隊の武器や装備がその外国の軍隊よりずっと勝《まさ》っていたとしても、武力で対抗することはできなかったかもしれません。いくら強い軍隊があっても、国民が戦争する気概を持たなければ、戦争はできないのです。

戦争をするためには、国を愛する心と、愛する国を守り抜く決意とを国民が持ち、自国の軍隊を一致団結して支えることが、絶対に不可欠です。国を愛する心は、国民の間にある意見の違いや、生活の格差や、社会的な差別や、さまざまな個人的不満などを超えて、国民を一つに結び合わせます。

戦争が、愛国心という絆《きずな》で国民を結び、国民の中にも、また政府と国民との間にも、美しい協力関係を生み出すことは、過去の戦争が事実をもって示しています。

今度の戦争は内乱に非《あら》ずして外戦なり。〔……〕日本国中一人も残らず一心同体の味方にして、目指す敵は支那《シナ》国なり。我《わが》国中の兄弟姉妹四千万の者は同心協力してあらん限りの忠義を尽《つく》し〔……〕老少の別なく切死《きりじに》して人の種《たね》の尽きるまでも戦うの覚悟を以《もつ》て遂《つい》に敵国を降伏せしめざる可《べか》らず。〔……〕私を去つて、公に殉ずるは、正に此時《このとき》なる可《べ》し。〔……〕日本臣民は事の終局に至るまで謹《つつし》んで政府の政略を非難す可《べか》らず。〔……〕日清事件に付《つい》ての軍略は無論、又これに付帯する種々の外交略に至るまで、都《すべ》て現政府の手に托して一切万事《いっさいばんじ》秘密を要することとなれば、傍《はた》より喙《くちばし》を容《い》る可《べか》らざるのみか、万般《ばんぱん》の施設皆宜《みなよろ》しきを得たるものとして、一も二も賛成するの外《ほか》ある可《べか》らず。

福澤諭吉「日本臣民の覚悟」
（一八九四年八月、日清戦争勃発にさいしての『時事新報』社説）より

第四章

徴兵制反対は臆病で卑怯な利己主義です

目先の格差や不平等に不満や怒りを抱いたり、政府に対して批判や反対を投げつけたりできるのは、世の中が平和だからです。平和は大切ですが、度を超えると、人間を臆病にし、利己主義にしてしまいます。

個人が所有する物品を勝手に持ち去ったり不動産を占拠したりすれば、それは犯罪です。誰か一人の人間を強制的に拉致したり拘束したりすれば、それは誘拐罪や監禁罪、もしもそれによってその人間を死なせれば、殺人罪です。しかしそれは「平時」でのことで、戦争の中でそれらがなされるときは、まったく別の意味を持ちます。それらは国民が従うべき大切な義務です。それらは、徴発・接収、徴兵・徴用、戦死・戦病死と呼ばれます。

平和が長くつづくと、人間は、こうした大切な義務を義務として引き受ける精神までも、失ってしまいます。その結果、国が戦争するために必要不可欠な兵役義務にまで、反対することになりかねません。このような臆病で卑怯な利己主義が蔓延すれば、国は戦争することもできなくなるということを、私たちは忘れてはなりません。

今般の戦争〔第一次世界大戦〕の中で、個人たる民衆は――じつはこれは平和な時代にもすでに、ともすれば胸に湧きあがろうとする思いではあったのだが――国家が個人に不法行為を禁じてきたのは、そうした不法行為をなくそうとしているからではなく、それを塩とタバコ〔国の専売品〕と同じように独占しようとしているからだ、ということを確認して慄然としている。戦争する国家は、もしも個人が行なえば自分の名誉を失うことになるようなどんな不法やどんな暴力沙汰でも、自由勝手にやってのけるのだ。

ジークムント・フロイト『戦争と死についての時事論考』（一九一五年）より、池田訳

II

礼儀を正《ただ》す

第五章

戦争、それは科学技術と文明の進歩をもたらします

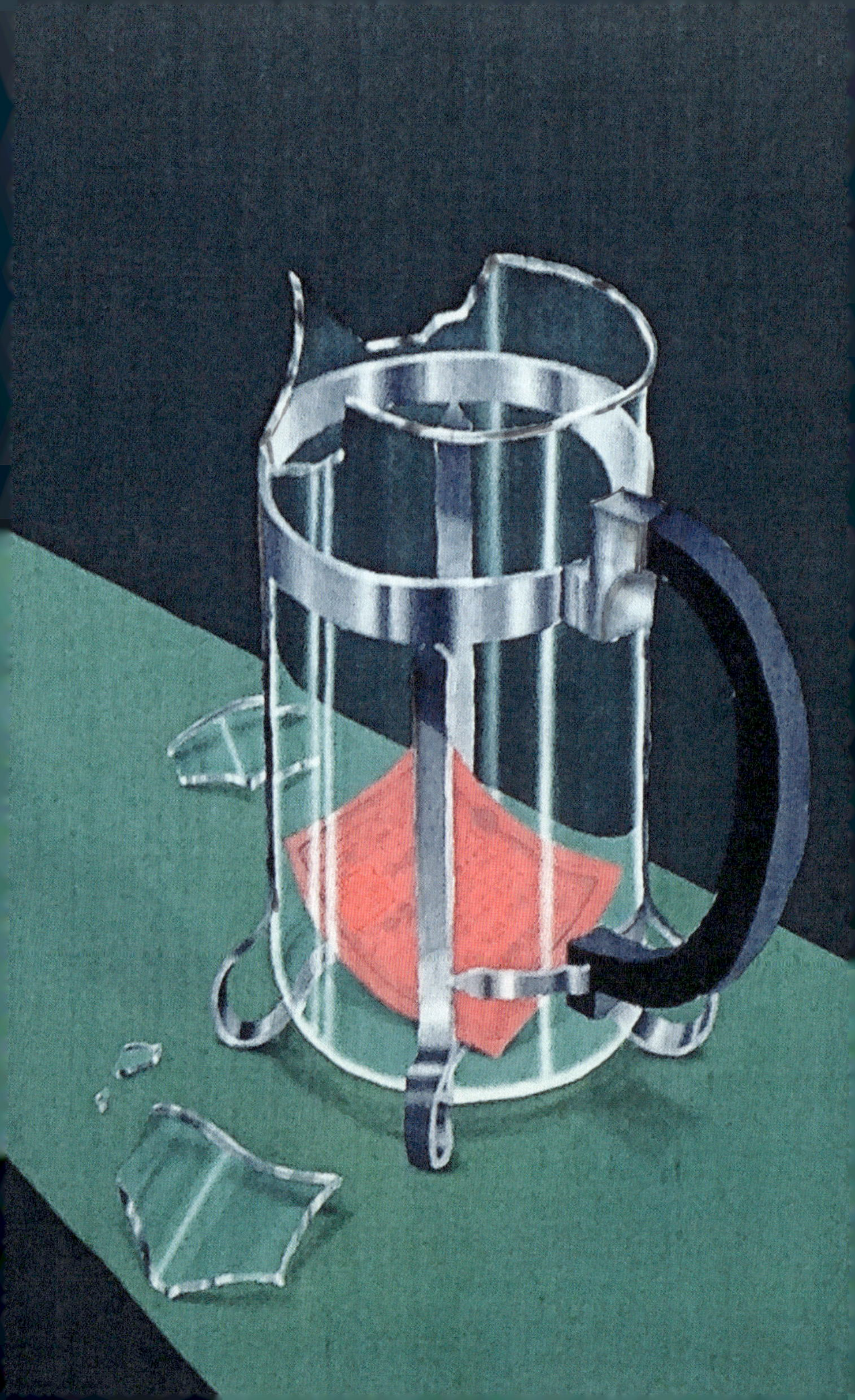

二〇世紀初期の第一次世界大戦は、人類史上最初の本格的な科学技術戦争でした。この戦争で人類の科学技術は飛躍的に進歩向上を遂げました。発明されたばかりの飛行機は、この戦争で実用に耐える最新技術としての地位を確立しました。無限軌道《キャタピラ》で戦場を疾駆した戦車は、耕耘機《こううんき》から土木建設工事用の重機に至るまでの実用車両に道を開きました。双方が使用した毒ガスは、化学兵器や生物兵器（細菌兵器）という画期的に新しい発想を、人類がさらに深める発端となりました。

文明とは、時間と空間を人間の知恵によって短縮し、労力を軽減し、暮らしを豊かにするものだとすれば、戦争こそは文明の進歩の最大の原動力です。爆撃機やミサイルや軍事衛星によって、攻撃目標までの空間的距離は、戦争のたびに縮まってきました。小銃から核爆弾までの進歩は、大量の敵を抹殺するために要する時間の著しい短縮と労力軽減を物語っています。そしてそれらは、宇宙開発や原子力発電のような平和利用にもつながったのです。戦争を否定すれば、このような科学技術の進歩をも否定することになるでしょう。

十二月八日

昭和一六年のこの日、「大東亜戦争」がはじまった。〔……〕当時私は、東京大学(旧制)文学部社会学科の一年目の学生で、〔……〕いまでも不思議に思うのは、戦果というものについての文科系、理科系の反応のちがいであり、常識で考えると、理科系がクールに反応するかのようだが、実は反対で、わーっと喜ぶのは理科系に限られていた。〔……〕反対に沈鬱《ちんうつ》だったのは、文科系の経済学部の一学生で、どんなに大戦果がラジオから放送される日でも、決して歓声をあげたり浮かれたりはしない。それどころか、理科系の連中には聞きとれないように用心した小声で、そのたびに私につぶやくのである。「たいへんなことになった」と。彼は、目前の戦果のかげに、何か別のものの影を見ているようであった。

三國一朗『戦中用語集』(一九八五年)より

第六章

戦争、それは人間の心を美しく純粋にします

一人の人間の生命は、たった一つしかないものだからこそ、何ものにも代えがたく貴重です。だからこそ、その貴重な生命を自分以外の存在のために捧げることには、限りなく大きな意味があります。一つの生命は、そのとき、一人だけのものではなくなるのです。人を愛するとは、そういうことではないでしょうか。

人間は社会的な動物だと言われます。自分一人の生命を大切にするだけでは生きられないからです。ふだんの暮らしの中では、私たちは、この当然のことを見ずに生きています。平和によって私たちの眼が曇ってしまい、心が濁ってしまっているからです。戦争は、その眼を澄ませ、私たちの心を美しく純粋にします。

戦争の中では、自分一個の生命を考えていることなどできません。戦争は、自分一個や、自分が個人的に愛する人などよりも、もっと大切なもののために死ぬという、人間として最後の理想を実現する場です。いざその場に臨んで美しい心が乱れることのないように、平素からの愛国教育を充実させることも重要です。

第二十五　日本男子

いくさの時には命をすてて、
　国家につくすが日本男子。
きらめくつるぎもとびくるたまも、
　おそれず進むが日本男子。
ふだんの時には力のかぎり、
　仕事をはげむが日本男子。
貧のたうげ《とうげ》もなんぎの海も、
　おそれずこゆるが日本男子。
古来すぐれし日本男子、
　名をばけがすな日本男子。

文部省検定教科書『新編国語読本』尋常小学校児童用巻五
（一九〇一年、帝国書籍刊）より

第七章

戦争、それは他者への信頼と自己責任を教えます

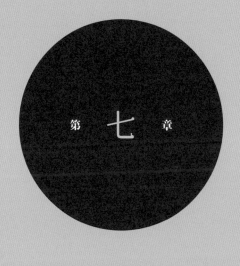

「平和安全法制」（安保関連法）によって、「自衛隊と連携して我が国の防衛に資する活動に現に従事している米軍等の部隊の武器等であれば、当該武器等を防護するための武器の使用を自衛官が行うことができるようにする」という目的で「自衛隊法」第九五条の二が改正されました（引用は、内閣官房・内閣府・外務省・防衛省『「平和安全法」の概要――我が国及び国際社会の平和及び安全のための切れ目のない体制の整備』による）。

この条文で注意しなければならないのは、人命ではなく米軍等の武器等を防護するために自衛官が武器を使用する、という点

です。私たちが自己責任と他者への信頼を重視していることをこれほどよく物語る実例は、それほど多くはありません。戦争では人命よりも武器が大切で、同盟国の装備は自国民の生命より尊いのです。

　そのために自衛隊員が自らの生命を賭して武器を使用する、という決意は、戦争に直面した時の私たち国民の基本的な決意でもあります。私たちは、これによって、同盟国に対する深い信頼と、それに見合った自己の責任を、はっきりと示しています。国際社会の平和はこうして生まれるのです。

人間は二束三文、パンは高値だ。
将校たちはわがもの顔にのし歩く。
大都市が二つ、丸焼けの残骸さ。
おれがようやく目覚めたときは、
無名戦士の墓の中……

ヴァルター・ハーゼンクレーヴァー「人殺しどもはオペラ見物」（一九一七年）より。池田訳

第八章

戦争、それはボランティア精神を
生かし輝かせます

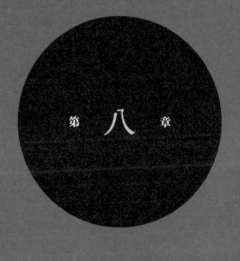

一九世紀末、英国海軍は「一人の志願兵は、強制的に徴兵された兵士三人分の価値がある」というキャッチフレーズで志願兵（義勇兵）を募集しました。「志願兵」の原語は「ボランティア」（volunteer）です。自発的に、自由意思で、自分の能力を他者のために役立てようとする人を「ボランティア」と呼ぶことは、ご存知のとおりですが、戦争には、兵士だけに限らず、ボランティアとボランティア精神が不可欠です。

　祖国の苦境のためにすすんで協力しよう、なんとか同胞の役に立とう、という自発的な

精神と実行が国民の中から盛り上がらなくては、国は戦争などできないでしょう。そして、この自発的な協力に対して、正規の報酬や賃金を支払っていたのでは、戦争に回す財源に支障をきたします。自発的な協力活動は無償でなければなりません。

その国が、ボランティア精神に富み、ボランティア活動の実績と蓄積を持っているということが、これからの戦争にはとても重要なポイントになるでしょう。平和ボケで人権思想や個人主義が蔓延している現在、ボランティア精神は戦争にとって貴重な原資です。

農山漁村に於ける勤労奉仕は銃後の一施設であつて、国防は国民共同の責任である。応召《おうしよう》家族の負担を分担し、且《かつ》、国家の興隆に力を尽《つく》すといふ隣保共助、愛郷、愛国、勤労報国の赤誠《せきせい》の具体的実践的現れである。〔……〕隣保共助の精神に則《のつと》り勤労奉仕に依《よ》つて其《そ》の労力の不足を補給し、応召農山漁家の経営を安固ならしめ、其の生活の安定を図つて銃後の護りを固くし、更に農山漁村の更生振興を実現して国力の発展に力を尽す。之《これ》が即《すなわ》ち、今回の農山漁村に於ける勤労奉仕運動の根本趣旨である。

農林省経済更生部『農山漁村に於ける勤労奉仕』

（一九三七年一〇月）より

III

武勇を尚《とうと》ぶ

第九章

私たちを脅かす敵は軍事力でしか防げません

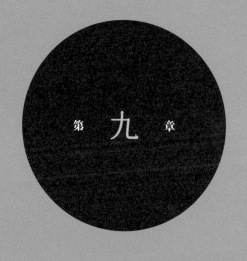

暴力に対して素手で立ち向かうのは、無謀です。自分の身を危険にさらすだけではなく、暴力をふるう相手をつけあがらせ、ますます暴力的にふるまわせる結果にもなります。相手に暴力をあきらめさせるためには、こちらが相手よりも強い力を持っていることを相手に気づかせることが何よりも大事です。

自分が強い暴力を持っていると思っている人間は、何かきっかけや口実を見つけて暴力を振るおうとし、あるいは自分が暴力を持っていることを見せびらかそうとします。国も同じです。また、民衆の力が弱い独裁的な国では、権力者の力を民衆に思い知らせるためにも軍事力増強に力を注ぎます。どちらにせよ、こういう乱暴者に対しては、こちらのほうがもっと強い暴力を持っていることを、じっさいに思い知らせるしかありません。

軍事力のための軍事費は、教育費や保育園の費用、社会福祉費、医療費などのための財源を圧迫する莫大な出費です。しかし、だからといって、この軍事費を削減することは、敵の暴力に屈することにつながるのではないでしょうか。

二〇一六年度、日本の国家予算総額……九六兆七二一八億円
うち、防衛関係費……五兆〇五四一億円
二〇一六年度、米国の国家予算総額……四六九兆八八〇〇億円
うち、国防費……六八兆七七〇〇億円
二〇一五年度、中国の国家歳出総額……四一四兆五〇〇〇億円
うち、軍事費……一六兆九〇〇〇億円
一九三六年度、ナチス・ドイツの国家歳出総額……一八八億ライヒス・マルク
うち、軍事費……一二六億ライヒス・マルク

第一〇章

軍備増強ほど
確実な経済成長政策はありません

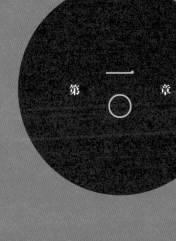

よく知られているように、あのヒトラー政権は、ドイツの重工業や化学工業の資本家たちによって強力に支持され支援されました。「ドイツの生存空間」を拡大するための戦争を、ヒトラーが当初から計画していたからです。戦争に向けた軍備増強政策によって、鉄鋼産業や化学薬品産業を始めとする軍需産業は膨大な利潤を得ましたが、豊かになったのは軍需産業だけではありませんでした。国民生活が好景気の恩恵をこうむったのです。

ヒトラー政権が生まれる前年の一九三二年と、ヒトラーが第二次世界大戦を開始する前年の一九三八年とを比較すると、公共投資に占める軍事産業への投資額は一三〇・四倍に増大しました。その結果、同じ時期にドイツの工業生産は二・三八倍に増加し、同時期のフランスの一・〇三倍を大きく引き離しました。そして、同じ六年間にドイツの国民一人あたりのＧＤＰ（国内総生産）は一・八六倍にも達したのでした。

アメリカ合州国が、不景気になり大統領支持率が低下するたびに戦争を始めることはよく知られていますが、戦争と軍備増強と武器弾薬の消費は、経済成長の源泉なのです。

ニューギニアで、ガダルカナルで、ルソン島で、人間の肉を食べたひとたちを、私は非難しようとは思わない。ただ、自分以外の人間を、その肉を食うことを目的として殺すことは、たぶん、私はしないだろう。とはいえ、その殺人が、食うことを直接の目的としない殺人——たとえば「戦闘行為」の一環《いっかん》としての殺人——と区別されなければならない根拠など、どこにもあるまい。戦闘において「敵」を殺すのならよくて食うために殺す——「敵」であれ「味方」であれ——のはよくないと、なぜ言えるのか。

彦坂諦『餓死の研究　ガダルカナルで兵はいかにして死んだか』（一九九二年）より

第二章

機密保持と情報管理は完全でなければなりません

「我が国の安全保障（国の存立にかかわる外部からの侵略等に対して国家及び国民の安全を保障することをいう。以下同じ）に関する情報のうち特に秘匿することが必要であるものについて、これを的確に保護する体制を確立」するために、二〇一四年一二月一〇日、「特定秘密の保護に関する法律」が施行されました（引用はその第一条の条文より。丸カッコ内も条文原文のまま）。

外部からの侵略に対しては、戦前・戦中の時代にも、「軍機保護法」、「国防保安法」、「軍用資源秘密保護法」など同様の法律があり、防諜《ぼうちょう》（スパイ防止と重要秘密の保護）に万全が期せられていました。対米英開戦直前の一九四一年九月に発覚した有名な「ゾルゲ事件」では、それらの法律に基づいて二名が死刑となり、五名が獄死しました。それでも米英による日本攻撃は防げませんでしたが、もしもこれらの法律によって国の秘密が保護されていなかったとしたら、事態はさらに悪化していたかもしれません。

個人の知る権利や言論の自由は大切ですが、国の安全保障はもっと重要です。国が亡びれば、個人はいくら自由でも生きていけないのです。

第二次大戦時、帝国軍隊は、防諜のためだと言って、師団ごとに、龍だの勇だのという防諜号をつけたのである。それを通称号とも言ったが、第五十六師団は龍兵団と言い、第二師団は勇兵団と言った。第二師団司令部は勇第一三三九部隊と呼び、第二師団の歩兵第四聯隊は、勇第一三〇一部隊、第二十九聯隊は勇第一三〇三部隊と言った。他の師団でも、師団に所属しない部隊も、すべてそのような防諜号がついていた。
私は、勇第一三三九部隊、つまり第二師団司令部所属の兵士であった。内々では、略して、三九だの、〇一だの、〇三だのと言っていた。

古山高麗雄『草の挿し木』（一九九三年）より

第三章

それでも一国では国を守ることはできません

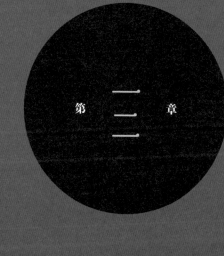

「遠交近攻《えんこうきんこう》」という言葉があります。遠くの国と親交を結んでおいて近い国を攻めるということで、戦争のための大原則です。欧州大戦（第一次世界大戦）に日本が参戦したのは、「日英同盟」を結んでいたからですが、はるか遠くの英国との同盟のおかげで、敗戦国となったドイツの植民地、太平洋の南洋群島を日本は獲得しました。この新領土がなければ、のちの大東亜戦争はそもそもありえなかったでしょう。

現在の日米同盟も、「遠交近攻」のもっとも理想的な一例です。日本の近隣諸国は、いずれもみな、古い歴史上の日本の行ないをいつまでも口実にして、日本の発展を妨げよう

としつづけています。日本一国ではとうてい国を守ることはできません。
遠い同盟国の力を借りようとすれば、同盟国の軍事基地や資材、必要な人員などを日本が提供するのは当然のことですが、日本にとってもっとも負担と損失が小さいように配慮することも当然必要です。日本に植民地があったころなら、この問題は容易に解決できたのですが、それがない現在、植民地に代わる地方の活用こそが唯一最善の道なのです。

こんな問いはどうだろう。一九四五（昭和二十）年の敗戦後、日本国は有史以来の「国のかたち」を変えた。それは何か？「米国から日本国憲法を押しつけられた」は間違い。正解は、外国の軍隊が常駐する国になったこと。しかも念の入ったことには、首都・東京の後門には横田、前門には横須賀基地があって、それぞれ制空権と制海権を掌握し、いったん事があれば、やすやすと首都を制圧できる仕組になっている。嗚呼《ああ》。〔……〕現実に近隣にさしせまった危険があるというのなら、中・台・朝・韓・越南《ベトナム》――漢字文明圏の諸国とのゆるぎない友好関係樹立に向けて、必死に努力しそれを取り除くべきであろう。その外交のための最大の武器が戦争放棄をうたう日本国憲法になろう。〔……〕日本もそろそろ被占領国段階を終える時期だろう。

石川九楊「浮世の筆づかい」第五回

（『サライ』二〇一六年七月号、小学館）より

Ⅳ

信義を重《おも》んず

第三章

日本の戦争は
すべて平和と正義のためでした

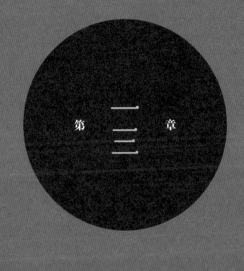

「明治維新」以後、日本は外国との戦争を何度したか、ご存知でしょうか。これまでの一世紀半のあいだに、わずか四度しかしていません。日清戦争、日露戦争、欧洲大戦（第一次世界大戦）、そして大東亜戦争です。――いや、そんなはずはない。満洲事変があるではないか。北清《ほくしん》事変、シベリア出兵、二度にわたる山東出兵、上海事変、それにあの支那事変も仏印進駐も、外国との戦争ではないのか。こう思う人もあるかもしれません。

大日本帝国は、天皇が宣戦布告をして、「臣民」にそれを告知する「詔書《しょうしょ》」を「下賜《かし》」した場合にだけ、それを「戦争」と見なしました。宣戦布告なしの戦争は、「事変」や「出兵」で、戦争ではなかったのです。支那事変だけは、一九四一年一二月八日の対米英開戦の四日後に、「今次の戦争の名称を、支那事変を含めて『大東亜戦争』とする」という閣議決定がなされて、大東亜戦争の一部となりました。

「暴支膺懲《ぼうしようちょう》」（暴虐な支那《しな》を打ち懲らしめる）という標語が支那事変での国民的合言葉となったように、日本の戦争は常に一貫して、平和の敵に対する正義のたたかいでした。

明らかにいまは平和主義にとっては悪い時代だ。戦争に負けたあとは、上層部でさえも、しばらくの間は平和論者になる。戦争に勝ったあとでは、下層の民衆でさえもが、戦争支持になるのだ。少なくとも、自分たちにとっては勝利も敗戦もさして違いはないのだということに民衆が気づくまでのしばらくの間は。いやはや、いまは、平和主義で人の心をつかんだり国を盛り立てたりすることは不可能だ。

ベルトルト・ブレヒト「負傷したソクラテス」（一九三九年）より。池田訳

第一四章

欧米諸国は侵略によって世界を支配してきました

のちにドイツ帝国の盟主となるプロイセン王国（プロシア）の軍人・戦略家、クラウゼヴィッツは、「戦争は、別の手段をもってする政治の延長にすぎない」という有名な言葉をのこしました。逆の言いかたをすれば、政治にとって戦争は次元の異なる別のことがらではない、ということです。欧米諸国の歴史は、それをよく物語っています。

つい半世紀ほど前までアフリカとラテンアメリカとアジアの至る所にあった欧米諸国の植民地は、圧倒的な軍事力による一方的な侵略戦争で獲得されました。それは欧米諸国の政治そのものでした。人類は、これを歴史の当然の歩みとして、文明が未開もしくは野蛮に勝利する自明の道筋として、容認していたのです。遅れて出発した日本が同じ道を歩んだとき、いったいなぜ、欧米諸国から非難されなければならないのでしょうか。

『ロビンソン・クルーソー』の主人公である英国人は、彼が勝手に「フライデー」と名付けた現地の若者に「食人」という生活習慣を一方的に禁じましたが、文明国を自負する欧米諸国の傲慢を、私たちは戦争に関しても見ないわけにはいきません。

資本主義社会は、「外部」に植民地などの非資本主義社会をもつことで、そこから資本を蓄積していく。そして、やがてその「外部」を「内部」に取り込んでいく。この過程こそ、帝国主義の本質です。このように、アメリカであろうと、日本であろうと、資本の蓄積は「外部」との遭遇からはじまったといえます。しかし、こう考えた場合、「外部」がどんどん「内部」に包括されていくと、「外部」がなくなったとき大きな問題が生じます。もはや「外部」を空間的な外の世界に求めるのではなく、それを自らの垂直的な「内部」に求めざるをえなくなるわけです。

マルクスが『共産党宣言』の第一部の中で、階級闘争として思い描く、資本主義下でのブルジョワとプロレタリアートの闘争は、〔二一世紀の〕今まさにその形が見えるようになったともいえるのです。

的場昭弘『マルクスだったらこう考える』（光文社新書、二〇〇四年一二月）より

第一五章

日本の戦争によって多くの国が独立しました

大東亜戦争を、米国は「太平洋戦争」（the Pacific War《ザ・パシフィック・ウォー》）と名付けました。大東亜戦争が、欧米諸国による植民地支配からの東亜の解放と、「大東亜共栄圏」の建設を目的としていることを、認めたくなかったのでしょう。けれども、皮肉なことに、大東亜戦争が文字通り「平和のための戦争」（the Pacific War）であったことを、歴史が示しました（「太平洋」Pacific《パシフィック・》 Ocean《オーシャン》の「pacific」という語は、もともと「平和な」という意味です）。

この戦争で日本は、アジアの各地から米英仏蘭などの列強を追い払って、そこを占領統治しましたが、そ

れらの各地は、終戦後たちまち、相次いで独立を達成したのです。日本軍の将兵たちの中には、終戦後、現地の独立運動に身を投じて独立のために戦ったものさえありました。欧米諸国によるアジアの植民地支配が、日本の大東亜戦争をきっかけにして終わったことは、誤解の余地がありません。

　中国を共産党が支配することになったのも、「抗日戦争」の結果でした。朝鮮半島の二つの国と台湾の独立も、日本が戦争をした結果でした。これを肝《きも》に銘じるべきでしょう。

社会主義者の国際組織である社会主義インターナショナル〔第二インター〕は大戦〔第一次世界大戦〕のはじまる以前〔……〕戦争についての宣言を出した。〔……〕平和の維持に努力するが、「それにもかかわらず戦争がおこったら、速やかにおわらせるように干渉し、人民を立ち上らせ、それによって資本家の階級支配の廃止をはやめるため、戦争によっておこった経済的政治的危機を利用することに全力をそそぐこと」であった。〔……〕レーニンらの左派のかんがえ方からすればこの宣言は、戦争を内乱に転化させて、労働者階級が資本家の政府をたおして権力をとれという呼びかけであった。

松田道雄『ロシアの革命』（一九七〇年）より

第一六章

戦後の日本は平和的に海外進出を果たしました

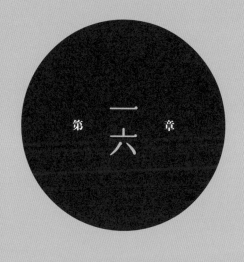

一九八二年の夏、文部省による高校歴史教科書の検定で、日本軍の華北「侵略」という表記を「進出」と訂正するよう命じたことに対して、中国、韓国、北朝鮮、台湾、香港、ベトナム、マレーシアなどの政府・市民・報道機関から、「歴史の歪曲だ」という激しい抗議が寄せられました。しかし、歴史的事実として、日本国家には、自国の対外政治について「侵略」という用語は存在しませんでした。「進出」がいわば日本の公用語なのです。

戦後の日本は、異論の余地なく正当な経済的活動によって、アジアその他の世界各地にめざましい進出を遂げました。大東亜戦争で日本が制圧した地域より遥かに広大な地域に、日の丸が翻《ひるがえ》っています。戦争に頼らなくても、海外進出はりっぱに果たせるのです。

不幸なことに、日本の進出企業やその社員が現地の暴徒によって襲われる、という事件がときおり起こります。身代金めあてに違いない邦人誘拐もあとを絶ちません。平和的な経済進出や、ましてや善意の開発援助に対して、このような不法な妨害と敵対をもって応じるとは、平和を踏みにじるものとしか言いようがないでしょう。

船底に近い三等船室は満員の乗客だった。そしてその大半は、いずれもみな生活に疲れた感じの陰気な中年男ばかりで、おそらくこれらの男たちは内地の生活に敗れ、これから「一旗組」として大陸へ出稼ぎに行くのだろう。〔……〕あの「満州事変」が勃発したのは、この年昭和六年の九月十八日のことである。それからまだ二カ月とは経っていないというのに、満州全土は日本の軍隊によってほとんど制圧され、一斉に筆をそろえた内地のジャーナリズムの「日本の生命線、満州を守れ！」という掛声に応じて、利権あさりの抜け目のない商人どもや一旗組などが、いま続々とこの大陸へ押し渡っている最中であった。

八木義徳『遠い地平』（一九八三年）より

V

質素を旨《むね》とす

第一七章

戦後七〇余年、
日本は一度も戦争をしていません！

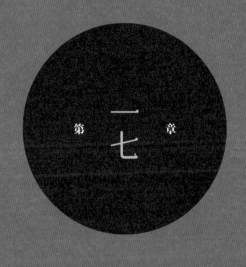

第二次世界大戦が終わってから、現在に至るまで、戦後七〇年以上も、日本は一度も戦争をしていません。政府と国民が一体となって、平和憲法を守ってきたのです。

一九五〇年代の「朝鮮戦争」では、武器弾薬や兵員を日本から朝鮮半島まで輸送し、さらに前線まで運び届ける仕事に国と多くの国民が携わりましたが、日本は戦争には加わりませんでした。六〇年代の「ベトナム戦争」では、米軍の爆撃機が沖縄の基地からベトナム空爆に飛び立ち、武器弾薬や兵員も日本を根拠地にして送り出され、東京都北区の王子には米軍の「野戦病院」が設置されましたが、日本は参戦しませんでした。九〇年代に始まるアラブやアフリカの戦乱でも、インド洋のテロ対策でも、たびたび自衛隊を現地に派遣していますが、戦争をしていません。

日本は、朝鮮戦争をきっかけにして戦後復興を遂げ、ベトナム戦争によって高度経済成長を達成し、国の主権と独立を立派に維持したばかりか、世界有数の経済大国となりました。平和の大切さが、よくわかります。

野戦病院　戦場の後方に設け、戦線の傷病兵を収容・治療する病院。

『広辞苑』

合衆国軍隊は、日本政府の各省その他の機関に当該時に適用されている条件よりも不利でない条件で、日本国政府が有し、管理し、又は規制するすべての公共事業及び公共の役務を利用することができ、並びにその利用における優先権を享有するものとする。

「日米安保地位協定」（略称）第七条

合衆国軍隊の構成員又は被用者（日本の国籍のみを有する被用者を除く）は、その公務の執行から生ずる事項については、日本国においてその者に対して与えられた判決の執行手続に服さない。

同、第一八条5f

第一八章

自由を尊ぶ日本は
これからも平和を大切にします！

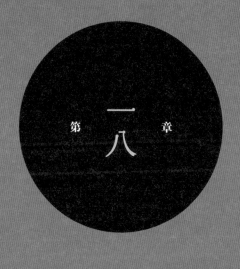

日本は自由を尊ぶ国柄《くにがら》です。大日本帝国憲法（明治憲法）は、「日本臣民ハ法律ノ範囲内ニ於テ言論著作印行《インコウ》集会及ビ結社ノ自由ヲ有ス」（第二九条）と定めていました。現行の日本国憲法が国民の基本的人権と自由および権利を大幅に尊重していることは、周知のとおりです。また自由民主党の改憲草案でも、「自由及び権利には責任及び義務が伴うことを自覚し、常に公益及び公の秩序に反してはならない」（第一二条）としたうえで、国民の自由が認められています。

平和を実現し維持するために戦争をするときにも、国民の自由は重要です。強制では戦争の役に立たないからです。かつての日本も、ごく一部の「非国民」以外の国民が自由意思で協力したからこそ、戦争ができたのです。もちろん、その自由は、法律の範囲内で、責任と義務を伴うものでした。法律で選挙権を認められた男性有権者が自由な投票で政治家を選び、圧倒的多数の国民がその政治家たちとともに責任と義務を重んじながら戦争を選んだのです。基本は多数の同意です。いつの時代にも、それが民主主義の原則です。

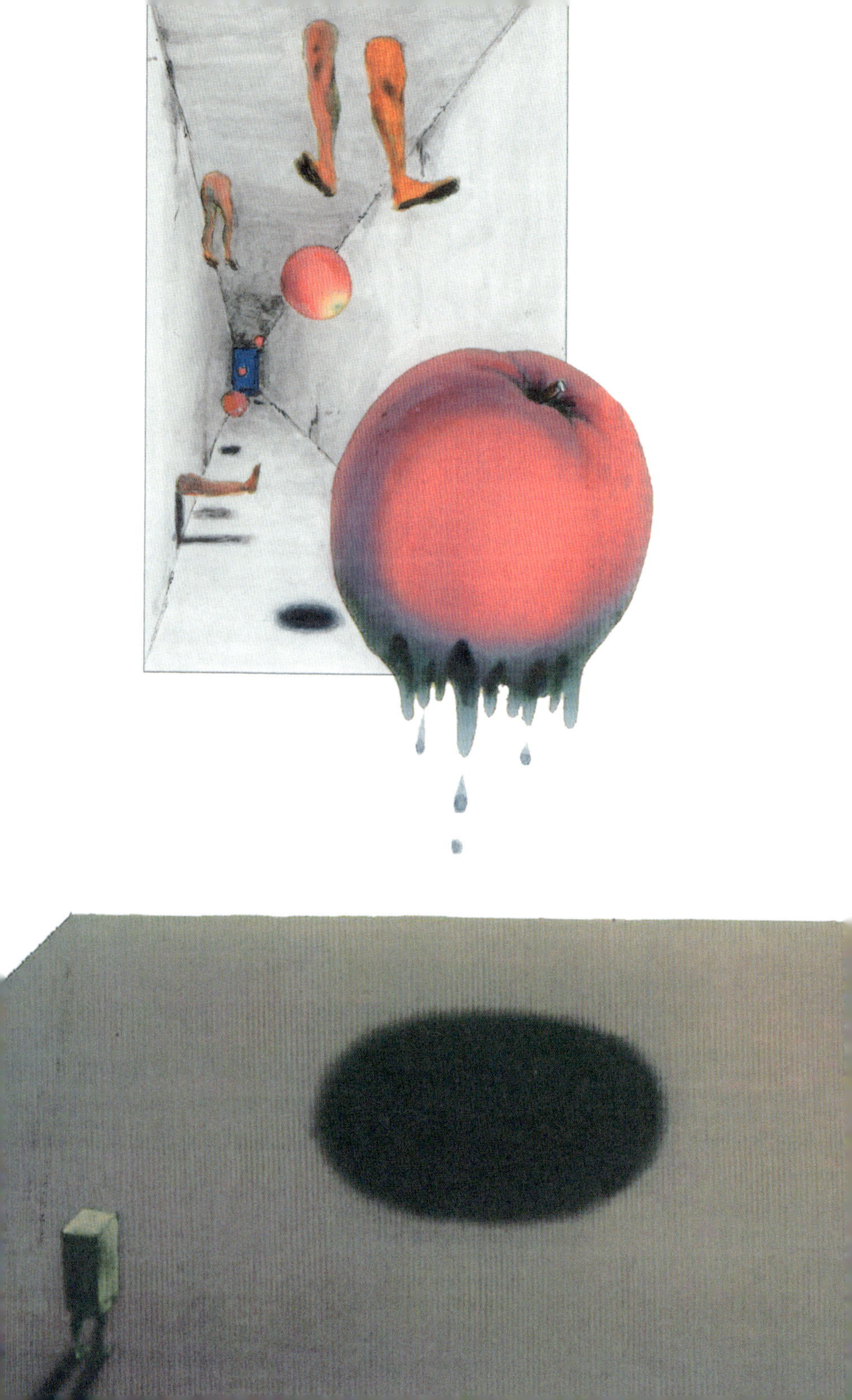

民主主義と自由とを同一視することは、避けるべきだろう。なぜなら、民主主義とは、支配を行なうためのある特定の形態であって、自由にとって好都合な形態ではあるが、自由そのものではないのだから。国としての自主独立と、民主主義的な自由の権利と、自由との関連を見過ごすことなく、私たちは、自由ということを（話がすれ違わないために）つねに個人の自由、一人の人間《パーソナリティ》の自由として理解すべきだろう。
自由であるとは、自由な状態の中で決断するということなのだ。

エルンスト・フィッシャー『若い世代の問題』（一九六三年）より。池田訳

第一九章

平和は一億総活躍社会によってこそ
実現できるのです！

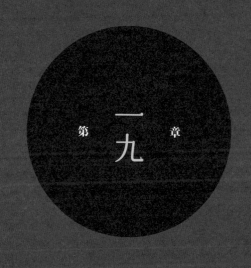

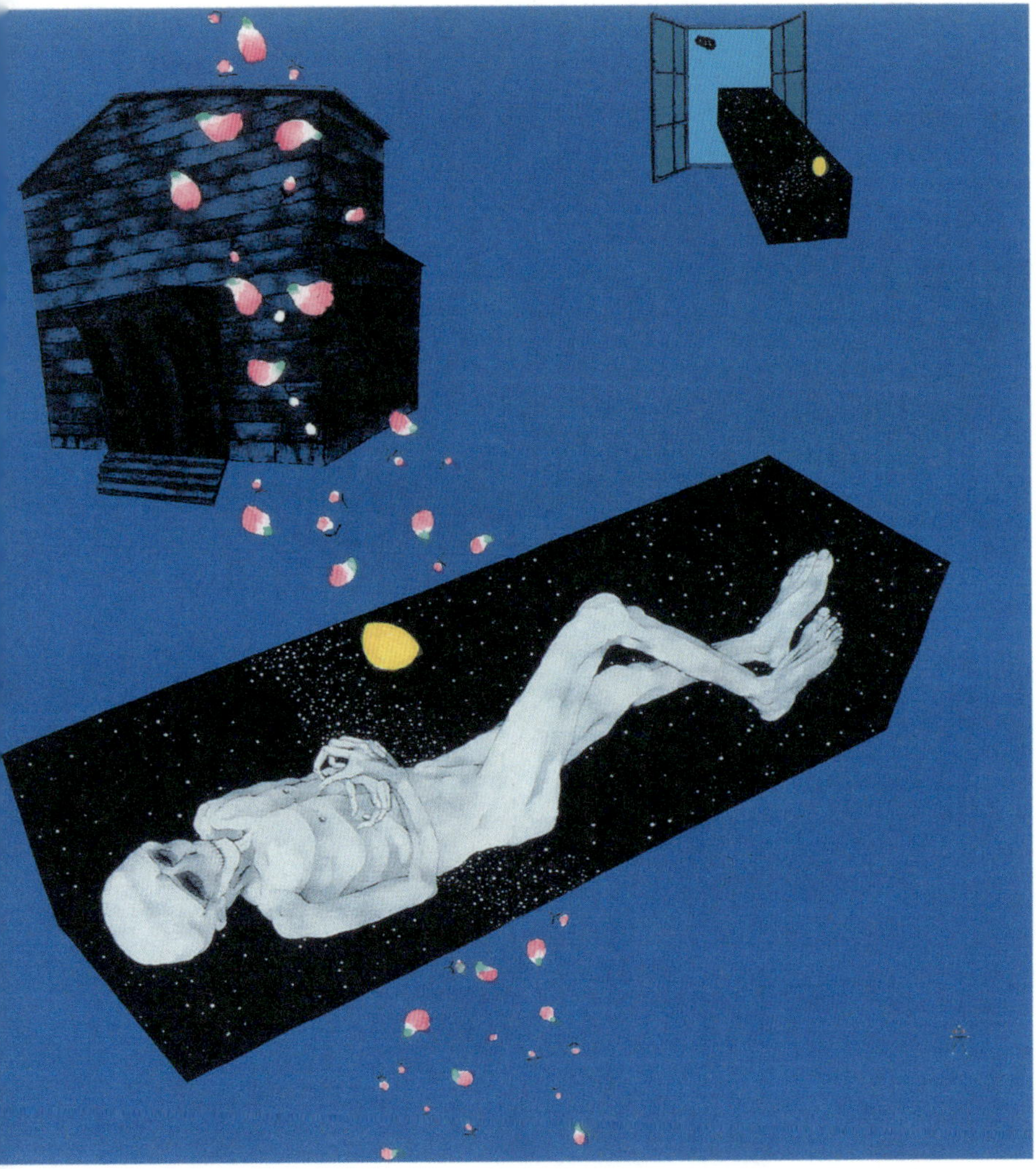

スポーツの試合で、選手の誰もが自分のポジションを守り、全力を尽くして活躍しなければならないように、平和を真に実現するためには、国民の誰もが自分のポジションで活躍しなければなりません。そのためには、平素から国民のすべてが自分の持ち場で活躍できる社会をつくっておくことが、大切になります。何よりもまず、「女性が輝く社会」でなければなりません。それは政治の重要な課題です。

賃金が安いとか、仕事がきついとか、労働条件が契約と違うとか、さまざまな不満があるのは、男も女も、自分が全力で活躍できているという実感が湧かないからです。自分の仕事に大きな意味がある、自分の仕事は国と同胞のためになくてはならないものだ、という自覚を誰もが抱くことができれば、仕事と暮らしの苦しさも半減するでしょう。正規雇用と非正規雇用というような区別も、問題ではなくなります。たとえ無償の労働でも、りっぱな意味があれば、やりがいと充実感をおぼえるに違いありません。そうなれば、この一億総活躍社会の平和を国の内外から脅かす敵が現われても、恐れることはないのです。

女性の美しさは、かつては箱入娘に見出され、有閑婦人のうちに求められた。／時代の進むに従つて、この種婦人のもつ美しさは、病的なものであるとされ、健康にして明朗な女性のうちに、まことの美しさがあることが分つて来た。／時局は更に進んだ。より高き女性は、健康にして明朗な婦人が勤労する姿のうちに存することが明らかとなつた。／病的なるものより健康なるものに、静的なる美より動的なる美へと女性美は転換しつゝある。／決戦下、きりゝとしたみなりで、勤労に挺身する女性のうちにこそ、最高至純の美しさは発現するのである。

情報局編輯『週報』昭和一八年一〇月六日付
「決戦勤労態勢の確立」特集号、巻頭言

第二〇章

平和のための戦争を一億国民が支えましょう！

自由は義務です。
責任は権利です。
独裁は公益です。
報道規制は秩序です。
内閣支持率は戦力です。
戦時は平時です。
沖縄は本土《ヤマト》の未来です。

日米同盟は在日特権です。
安保法制は日本国の象徴です。
天皇は人間です。
戦没者は神です。
一億は一人です。
　そしてもう一度、
戦争は平和のためのたたかいです。

近代戦は何時《いつ》始まつて何時終るといふことはない。近代戦は刻々に進行し発展してゐる。だから私達は今絶えず戦争の真唯中《まつただなか》にあるのだ。絶えず国防戦を戦つてゐるのだ。これは精神的な形容詞としてではなく、現実に国防戦を戦つてゐるのである。此処《ここ》に近代戦の新面目《〔ママ〕めんぼく》がある。

文字通りに「長期の総国力戦」——これをよく頭の中に叩き込んで置くことが、今日国家総動員法の必要を理解する鍵である。

朝日新聞社編『総動員法の全貌』（一九三八年一二月）より

池田浩士［選］

戦争に負けないために
読みたい二〇冊

戦争に関連した本は、それこそ数えきれないほどたくさんあります。ここでは、戦争に負けないために読んでおきたい本のうちから、比較的手に入りやすいものを、二〇冊だけ紹介しましょう。すでに読まれたものもあるかもしれませんが。

さまざまな分野にわたっていますので、本書『戦争に負けないための二〇章』と同じように、誰かと一緒に読んで語り合うことができれば、読書の喜びと収穫はいっそう大きくなるでしょう。読む順序は、この配列順序と同じでなくてもかまいません。まずこれらを糸口にしながら、自分の関心に即してもっと多くの本にも手を伸ばしてみてください。

文学作品などでは、以前に別の出版社から出ていた場合もあります。同じ作者の同じ作品が見つかれば、出版社は違っても差しつかえありません。また、二〇冊のうちには、いま新本で手に入りにくいものも何点か含まれています。あきらめずに、図書館、古書店、ネット販売などで探してみてください。体験者ならご存知のように、本を探す楽しさは、読む楽しさに劣らず大きいものです。

（価格はすべて税抜き＝本体価格です）

1　石川達三『生きている兵隊』……………………………………………………（中公文庫、一九九九年七月、五七一円）

支那事変初期、南京攻略の日本軍を描いたこの作品は、一九三八年三月号の『中央公論』に発表されて、直ちに発禁処分、作者は起訴され、敗戦後に初めて全貌を読者の前に現わしました。いまや、過去ではなく未来を描いているのかもしれません。

2　日暮吉延『東京裁判』……………………………………………………（講談社現代新書、二〇〇八年一月、一一〇〇円）

勝者が敗者の「戦争責任」を裁いた「極東軍事裁判」は、これまでにもその正当性がさまざまに論じられてきました。この一冊は、従来の研究や論議を踏まえながら、事実経過と問題点をわかりやすくまとめています。

3　林房雄『大東亜戦争肯定論』……………………………………………………（中公文庫、二〇一四年一一月、一二〇〇円）

プロレタリア文学からの「転向」を経た著者が、戦後の一九六三年から六五年にかけて発表した大作。日本の戦争を欧米の侵略に抗する「東亜百年戦争」として論じる著者と真剣に向き合い格闘することは、戦争に負けないためにも不可避の作業です。

4　西成田豊『労働力動員と強制連行』……（日本史リブレット、山川出版社、二〇〇九年八月、八〇〇円）

植民地朝鮮および中国の占領地からの「強制連行」と、内地（日本の本土）での「勤労動員」とは、戦争する国を支える二本の柱でした。小冊子ですが、戦争体制と戦中の日常を具体的に知るうえで、欠かせない一冊です。

5　藤原辰史『カブラの冬　第一次世界大戦期ドイツの飢餓と民衆』……（人文書院、二〇一一年一月、一五〇〇円）

第一次世界大戦は、科学技術を駆使した最初の近代戦でした。けれども、戦時下の民衆は、科学技術の恩恵どころか、恐ろしい飢餓に苦しみました。この飢餓がその後の歴史を変えた、という著者の視点は、示唆に富んでいます。

6　矢部宏治『日本はなぜ「基地」と「原発」を止められないのか』……（集英社インターナショナル、二〇一四年一〇月、一二〇〇円）

日本は独立国なのか？　――この疑問には根拠がある、という恐ろしい現実を、著者は赤裸々に、事実に基づいた説得力を込めて、描き出しています。この現実を変えるのは、政治家ではないでしょう。まず私たちが、現在と歴史の真実を知りましょう。

7　菅野完『日本会議の研究』……（扶桑社新書、二〇一六年五月、八〇〇円）

この国のこの政治方針！　いったい誰が、どこで、なぜ、決めているのか？――「草の根」で演じられながら、社会の目から隠された驚くべき事実。戦争へと雪崩込《なだれこ》むこの一群と運命を共にしないためにも、現われた馬脚をじっくり観察しなければ。

8　高見勝利［編］『あたらしい憲法のはなし　他二編』……（岩波現代文庫、二〇一三年九月、七四〇円）

日本国憲法ができた当時、現在の自民党の前身である与党と政府は、戦争放棄と戦力不保持の原則にもろ手を挙げて賛成し、その意義を国民に向けて熱く語りました。ここに収められた三編は、その動かぬ証拠。前言を翻《ひるがえ》すのは揺るぎない伝統です。

9　伊藤真『憲法は誰のもの　自民党改憲草案の検証』……（岩波ブックレット、二〇一三年七月、五二〇円）

自民党の改憲草案自体は、ネットからのダウンロードや無料冊子でも容易に読むことができます。現行憲法との違いや問題点について知りかつ考えるための手掛かりを得るには、コンパクトなこの一冊が便利です。

10　福澤諭吉「脱亜論」ほか……（岩波書店『福澤諭吉全集』第一〇巻所収）

「脱亜入欧」を日本の針路とすべきだという福澤諭吉の基本思想に沿って、日本は近代化を遂げました。大東亜戦争も、それまでの戦争も、すべてこの針路の上にあります。有名な「脱亜論」と、「朝鮮人民のために其国《そのくに》の滅亡を賀《が》す」、「朝鮮の滅亡は其国の大勢に於《お》いて免《まぬが》る可《べ》からず」の三編（一八八五年）を、図書館等で探して、ぜひ読んでみましょう。本書の読者なら、福澤の日本語は理解できます。「脱亜論」の解説書にはロクなものがないので、読む必要はありません。

11　火野葦平『土と兵隊　麦と兵隊』……（「火野葦平戦争文学選集」第一巻、社会批評社、二〇一三年五月、一五〇〇円）

戦争文学の代表的な作品とされてきたこの二編は、支那事変に下士官として従軍した作者の陣中日記に基づいて書かれ、軍の推奨によって戦意高揚に大きな役割を果たしました。いまの私たちが追体験しながら読めば、別の姿を現わすかもしれません。

12　神坂次郎・福富太郎・河田明久・丹尾安典『画家たちの「戦争」』……（新潮社、二〇一〇年七月、一五〇〇円）

文学作家とともに美術家も、「従軍画家」として戦争に協力しました。成果は「聖戦美術」の名で何冊もの画集にまとめられ、展覧もされました。それらを現在の目で見直すのが、この本です。類書はいくつかありますが、複数の視点でまとめられ、解説も簡明なこの一冊を。

13　角田房子『満州武装移民の妻　雪椿の生涯』（徳間文庫、一九八五年八月。絶版）

日本国家は、国内で生きられない農民を「満洲農業移民」として満洲へ移住させ、未成年者を「満蒙《まんもう》開拓青少年義勇軍」の名でソ連との国境地帯に入植させました。彼らの妻を志望して渡満したボランティア、「大陸の花嫁」たちが、この本の主人公です。

14　加納実紀代『女たちの〈銃後〉』（インパクト出版会、一九九五年八月、二五〇〇円）

男たちは「前線」で戦い、女たちは「銃後」を支える——これが日本の戦争でした。では、銃後で戦った女たちは、どんな日常をどんな思いで生きたのでしょうか。すぐれた女性史研究者が、体験者たちからの聞き取りも生かしながら解明します。

15　福間良明『「戦争体験」の戦後史　世代・教養・イデオロギー』（中公新書、二〇〇九年三月、八四〇円）

日本の敗戦後、戦争体験は繰り返しさまざまに語られてきました。その語られかた自体に、戦争に対する戦後各時期の日本社会の姿勢が投影されています。「戦争」とは、そして「戦後」とは何だったのかを、いま改めて考えるために。

16 金《キム》時鐘《シジョン》『朝鮮と日本に生きる　済州島から猪飼野へ』……（岩波新書、二〇一五年二月、八六〇円）

戦後日本詩の最高峰の一人である在日詩人が、八〇代半ばにしてまとめた回想記。「朝鮮」と「韓国」と「日本」のはざまで戦後日本の社会運動、文学運動と密接に関わってきた著者とともに、日本の歴史と現在を私たち自身が再発見しましょう。

17 ハンス・ファラダ『ベルリンに一人死す』……（赤根洋子［訳］、みすず書房、二〇一四年一一月、四五〇〇円）

誰もがヒトラーの所業に目を閉ざして安逸な生活に埋没したとき、たった一人の年老いた市民が……。戦争とファシズムの日常を、私ならどう生きるか？——この重い問いを正面から突きつける小説です。懐《ふところ》が痛む値段ですが、読み終わって損をしたと思う読者はいないでしょう。ただ、『だれもが一人で死んでいく』という意味深長なすばらしい原題が、陳腐で無意味な訳題に変えられたのは、なんとも残念ですが。

18 三島由紀夫『英霊の聲』……（河出文庫、二〇〇五年一〇月、六五〇円）

一九七〇年に陸上自衛隊の本拠地で割腹自殺した作者が、昭和天皇の戦争責任と戦後責任を渾身《こんしん》の力を込めて追及した作品。作者と思想を同じくするか否かを問わず、天皇制と戦争、その戦争と「臣民」との関係を考えるためには、不可欠の資料です。

19 豊下楢彦『昭和天皇・マッカーサー会見』……（岩波現代文庫、二〇〇八年七月、一〇〇〇円）

昭和天皇は「現人神《あらひとがみ》」として戦争を指揮しただけでなく、敗戦後も「唯一の主権者」として戦後国家の進路に深く関与していたことが、この一冊からわかります。現在の日米関係の根拠も、そこにありました。さて、主権者たる私たちの責任は？

20 池田浩士『子どもたちと話す　天皇ってなに？』……（現代企画室、二〇一〇年七月、一二〇〇円）

「天皇陛下のために戦って死ぬ」という天皇と私たちとの関係は、戦後にはありません。私たちと天皇は、ほとんど無関係。――だがじつは、日常の至るところに、天皇は生きています。この本の帯には「自分の生き方を誰かにゆだねるのはやめよう」と書かれていますが、これは戦争に負けないための原点でもあるのではないでしょうか。

あとがき

池田浩士

空襲を受けなかった滋賀県大津市で生まれ育って、満五歳のとき日本の敗戦を迎えたので、私には戦争体験と言えるようなものがありません。同年齢の友人たちで大都市の出身者は、人生最初の記憶が「空襲で真っ赤に焼ける空」ということが多いのですが、私にはそれもないのです。だから私にはもちろん、日本の戦争に対する戦争責任もありません。――しかし、五歳の敗戦時からすでに七〇年以上を、私は生きてしまいました。その間に、日本の戦争についてさまざまなことを知りました。私には、戦後責任が生まれてしまったのです。

この絵物語のうち物語の部分を書かなければという思いも、いまの状況下でこの戦後責任と自分なりに向き合うための手さぐりに端を発しています。髙谷光雄さんの絵と私の駄文を交錯させてみたい、という発想は、髙谷さんが布《ぬの》に描く形象と色彩に胸を打たれたことから生まれました。染織《せんしょく》ではなく染色《せんしょく》という美術の領域があることも、初めて知ったのでした。この一冊の出来ばえについては、私たちが言うべきことではありませんので、私の担当部分について一つだけ説明を記しておきたいと思います。

全体を五部二〇章に分け、それぞれの部と章にタイトルを付しましたが、そのうち五つの部の五つのタイトル（忠節、礼儀、武勇、信義、質素うんぬん）は、一八八二年一月四日に明治天皇が「下賜《かし》」した「陸海軍軍人ニ賜ハリタル勅諭」（いわゆる軍人勅諭《ちょくゆ》）に「一《ヒトツ》、軍人ハ……ベシ」という命令形で述べられている五項目の徳目の文句です。この命令を暗唱することが、帝国軍人たるもの（つまり兵役義務のある日本臣民男子すべて）の義務でした。これも、日本の戦争を支える大きな支柱の一つだったのです。

高谷光雄

学生時代、『ルカーチ初期著作集』第一巻（三一書房、池田浩士編訳）を読もうと思って購入しましたが早々に挫折《ざせつ》しました。

その後、数十年が経ち、創作に行き詰まっているときに読んだ本で、目の前が開けました。その題名は『虚構のナチズム――「第三帝国」と表現文化』（人文書院）、作者がどのような方か関心が湧《わ》きました。調べると、学生時代に挫折した作者と同じ池田浩士さんだと知って驚きました。そして、私と同じ京都精華大学に客員教授として在籍されておられることがわかりました。

会って一献《いっこん》傾けながらいろいろ話が弾むうちに、一緒に本を出版しませんかと声をかけていただきました。出版社「共和国」の下平尾さんを紹介していただき、三人で話し合う機会を与えてくださったことにとても感謝しています。この本を読まれて、同時に絵を見ていただき、何か感じてくだされば幸いです。

自己紹介

池田浩士（いけだ・ひろし）

一九四〇年生まれ。一九六八年から二〇〇四年まで京都大学、
二〇〇四年から一三年まで京都精華大学に在職。
専攻は現代文明論、ファシズム文化研究。
本書の読者が、比較的最近の次のような拙著を手に取ってくだされば、うれしいです。
『虚構のナチズム――「第三帝国」と表現文化』（人文書院）、
『石炭の文学史――［海外進出文学］論・第二部』（インパクト出版会）、
『ヴァイマル憲法とヒトラー――戦後民主主義からファシズムへ』（岩波書店）、
『池田浩士コレクション』全一〇巻（刊行中、インパクト出版会）。

高谷光雄（たかや・みつお）

一九四一年、京都に生まれる。一九六七年、京都市立美術大学工芸科専攻科（染織専攻）修了。

一九八二年から二〇一一年まで、京都精華大学に在職。

二〇〇五年以後のおもな発表は以下の通りです。

Rozome Masters of Japan（アメリカ）、textile in future expression（大阪、金沢、沖縄、北海道、福岡）、

「転形期の作家一〇人展」（京都）、「京に生きる琳派の美」（東京、京都）、「きょうと現代染色アーカイヴ・I」（京都）、

「祇園祭展」（京都）、「近現代染色の展開と現在」（茨城県）、「歌舞伎・能を染める」（京都）、

「創造する画家たち展」（京都）、JAPAN, KOREA FIBER ART EXHIBITION（東京）、

「いま、戦争の兆しに心いたむ美術家たちが語りかける展覧会」（京都）など。

その他に、個展を二十一回（一九八五年～二〇一六年）開催しました。

戦争に負けないための二〇章

2016年8月15日初版第1刷発行
2018年6月20日初版第3刷発行

著者
池田浩士《いけだひろし》＋髙谷光雄《たかやみつお》

発行者
下平尾 直

発行所
株式会社 共和国 editorial republica co., ltd.
東京都東久留米市本町3-9-1-503 郵便番号203-0053
電話・ファクシミリ 042-420-9997
郵便振替 00120-8-360196
http://www.ed-republica.com
http://www.facebook.com/Naovalis

印刷……精興社
ブックデザイン……宗利淳一

本書へのご意見・ご感想等は、以下のメールアドレスまでお寄せください。
naovalis@gmail.com

ISBN978-4-907986-37-7 C0031